AF436004

Lyra

HARTE MYSIA

NELLA DISCARICA DI STELLE MORTE

Collana "Lyra"
Direzione editoriale a cura di Grazia Velvet Capone
Progetto e Grafica: Grazia Velvet Capone

ISBN: **97912 81625 50 1**

Per chi si specchia e non si riconosce

*"La verità è l'errore che fugge nell'inganno
ed è raggiunto dal fraintendimento"*

[Jacques Lacan]

Prefazione
di Lavinia Marchetti

Chi sono i protagonisti dell'opera di Harte Mysia? C'è la poesia che parla al teatro e il teatro che parla alla poesia; poi ci sono la filosofia e la psicanalisi che osservano la conversazione dall'alto. I protagonisti non sono fatti di carne e ossa, ma di tutti i mondi possibili e, se ci si avvicina un po', si sentono distintamente echi di pensieri provenienti dall'inconscio collettivo nel suo delirio post-partum. La morte ha più voce della vita, per cui può sembrare che la morte sia più vitale della vita, in questi versi.

Talvolta la poesia di Harte Mysia emette grida disperate, altre volte sussurra, diviene aritmica, poi antiaritmica, e poi ancora, solleva, slancia, infervora, mai recrimina, mai copre tutte le altre voci possibili, padroneggia un solerte rispetto persino per le voci mai nate. Il senso si scompone, si ricompone o si decompone, senza perdere nulla che non sia già stato passibile di perdita dall'attimo stesso in cui è stato concepito. Il senso, che da un verso all'altro si avvale della massima capacità metamorfica di cui può disporre una poesia, *si installa tra il rimosso e l'intenzione.*

L'abisso della poesia *hartemysiana* è ciò che lo spazio aperto è per l'essere umano fagocitato dal reale. È il buio di chi ha perduto la chiara visione, ed è al tempo stesso la chiara visione del buio.

L'estetica sublime delle parole, di tanto in tanto, imbarazza il contenuto. Ma il contenuto ritorna più vibrante di prima e – nel giro di qualche vibrazione, scuotimento che ridesta dall'incanto – monopolizza l'attenzione del lettore precedentemente incantato dall'estetica.

La sezione 1, Identità (o altri fantasmi della ψυχή), introduce la prominenza del suono, dai Vagiti d'inedia alle Ventriloquie fetali, nel vagito e nel ventriloquio è richiesto l'intervento necessario dell'apparato fonatorio. Il suono inizia a condensarsi nell'amnios, nei sonagli esistensivi, nel ridere compulsivo e nella risata ineffabile, fino a diventare Nihilcoltura, Ex nihilo, nihil. Suono e negazione del suono, senso e negazione del senso. I versi sono disabitati. O meglio, abitati da silenzi e fantasmi.

La sezione 2, Annientamento (Reductio ad nihil), manifesta l'infinito scorrere dell'annientamento: ciò che può nascere e progredire dall'annientamento. Il nascituro dal grembo dell'annientamento è un sembiante sopravvissuto alla vita. Il cui corpo, non più preda della materia, è ristrutturato con molecole mimetiche. Anche la natura del tempo appare mutata, passando dalla linearità alla cicatrizzazione. "Entrasti nel tempo di soppiatto..." recita la poesia numero 13, presumibilmente perché la fessura della cicatrice temporale pretende ingressi delicati.

La sezione 3, Scissione (Manque à etre), accoglie i primi *deliri cartesiani*: nella scissione identitaria, è l'esperienza che ossigena, irrora, prende il posto del sangue. *L'io diviso (...) nella frenesia di scomparire*, impara dall'invisibile a trovarsi altrove. *L'io inviso al Sé (...) fuoriesce, straripa dappertutto*. Screzi, tortuosità e propaggini dell'io diventano luce – la luce in differita delle stelle morte che, per poter essere individuata, richiede l'audacia di rovistare nella discarica.

La sezione 4, Trasmutazione (Kybalion), approda alla catalessi mortifera: *"il mio cadavere ha la bocca aperta, ma non ha niente da dire"*. Che cosa si può ancora dire del corpo, quando si galleggia fuori dal corpo?

L'istante tra la coscienza e l'ignoto. Il tempo, dapprima lineare, poi cicatrizzato, diventa infine costruzione di sé fuori dal sé (costruzione di un tempo fuori dal tempo). Ma non c'è pace nemmeno nell'entropia, perché l'entropia è ancora il risultato di uno stato d'animo conflittuale, e accade precisamente quando *il tempo è esausto* di riciclare se stesso.

Lavinia Marchetti

Sezione 1

Identità (o altri fantasmi della ψυχή)

℘ 1 – Vagiti d'inedia

Disegnavo i miei sogni

sui vetri obliati di condensa.

Mia madre in cucina

rassicurava l'ideologia.

I bambini hanno il dono

di ogni promessa mancata.

La verità è il limbo

in cui culliamo

la nostra sterilità.

ק 2 – Ab orìgine

Dal sottobosco esalava il cielo,

un alacre odore di vita e rinascita.

Emanazione del ciclo che contiene,

spazio liminale di sospensione.

Umido nutrimento del tutto,

ogni seme delle cose promana.

Discendenza gentile del cosmo,

acqua e terra in didascalici abbracci.

Ecco la vita, la morte, gli abbandoni,

in questa pioggerella ellittica,

epanalessi del cerchio

che tutto compie e ri-cicla.

P 3 – Ventriloquie fetali

Installazioni cromatiche d'avanguardia,

l'amnios colava dalle grondaie otturate,

estratti di liquor cefalorachidiano e ananas,

un'alba bluastra, tra metafore liquide.

Spazi pubblicitari per paranoie rinnovate,

urla di madri con figli crocifissi,

ma sedati col volume a zero,

suono di stampanti in maschera,

disarcionate d'ipocrisia,

Edizione speciale: nessuno esiste!

Siamo ombre di un dagherrotipo compiacente.

Sarebbe più semplice una preghiera,

ma preferisco ammalarmi senza speranze.

Là sull'altare vomitano riti in disuso,

l'odore di peccato è sbiadito nei microprocessori,

alterchi mesozoici sulla sopravvivenza,

sull'evoluzione.

Mi sono creata creante e partorita da sola.

Partenogenesi con stile neoclassico.

Mi cola la nascita dappertutto,

il chirurgo ha una faccia gentile, da demiurgo,

re dei tempi moderni, mi modella come cera calda,

ma colo ancora sulle pareti color bile,

trasformo la gioia in un'orgia di dissapori.

Mio Dio, quanta empietà in questa gioia,

questo ballare su cadaveri dimenticati

mi riavvicina ad un senso di giustizia e mestizia,

la legge del boia, la legge di chi non ha leggi

e mi sento bene in questa sopraffazione ricurva.

Azzannare l'inafferrabile, istigare la belva, la ferocia,

spolpare carne giovane e nutrirsi di sangue fresco,

neonate creature sbranate per la mia vanità, vacuità.

Sento un sibillino piacere nel mordere, spolpare,

dilaniare, bruciare, sbriciolare, fare a pezzi.

Mio Dio in questa luculliana orgia di morte

io, io rinasco in te, unico lume di efficienza efferata,

guida nei sospiri dell'oltraggio, padre

delle fosse comuni,

ritraimi adesso mentre gozzoviglio tra

spasmi e dolore,

guarda i miei occhi, guarda grondare la mia patria,

servi della tua risplendenza, diafana e gloriosa.

C'è preoccupazione in questo deserto, ho esagerato.

Non resta niente, solo la consolazione di essere sola.

La purezza esige un'esistenza certa,

senza cromatismi.

Quintessenza d'accondiscendenza in

questo scannatoio,

il principio di ragione epurato dalle sfumature:

benvenuti nella tracotanza dell'assoluto.

ק 4 – Tempo di raccolta

Mi scaraventasti nel mondo

più per gioco e consuetudine

che per desiderio o scelta.

Non ho mai capito la dimensione della presenza,

siamo così distanti da tutto, non mi sento,

in questa Spaltung tra la tua volontà di Potenza

e la mia impotenza ad esserci come Una-Sola-Istanza.

Oggetto scagliato dal tuo gioco della vita,

forse per rancore verso tanta avventatezza,

forse per la noia che ci accompagna alla dissolvenza,

sento la caducità da prima di nascere.

In questo ciclo di esperienze,

rammendo l'anima strappata,

con fili invisibili di malinconia,

in attesa di una metanoia tardiva.

5 – Assedio di(s)sensi

Dalla culla contavo i simboli,

applicavo principi di fisica,

tra sonagli esistensivi,

facevo coincidere l'essere e l'esserci

nella concretezza

di un ridere compulsivo,

foriero dei vostri abbandoni programmati.

Dispersa nei sintagmi nominali,

afferravo i vostri generosi indici,

come cordicelle dal cielo,

cordoni ombelicali unghiuti

da stringere per sorseggiare,

poco persuasa,

frenesie dal reale.

Vedere soffitti rosa,

da questa tomba per vivi,

fece del cielo un simulacro

e dell'occhio

un oggetto ambiguo

come l'arte.

ק 6 – L'orizzonte limitato degli essenti

Spariglia ogni impostura,

sbaraglia serragli compromessi dal logorio,

scavalca l'assenza dell'essenza e plana,

piano,

verso l'inconsistenza.

Là ove ogni cosa ti parla ed è già finita.

Sgombra d'attese,

la pianura ridesta il limite estremo

di ogni incomprensione apparente

e

ne fa esperienza.

Esperienza.

Sordido animale che annaspi e annaffi

e

infine crolli

in una risata ineffabile davanti alla tua stessa

compresenza.

ק 7 – Priorità

Mentre i treni volavano in mezzo a sterpaglie,

la rosa appena sbocciata sussultava, stupita,

ad ogni passaggio di vento inatteso.

In quella casa bianca avviluppata alla ferrovia,

vedevo volti guardarmi in frazioni di secondo,

io, una bambina affacciata a guardarli sparire,

metafora di mille abbandoni e possibilità.

in quel tempo sospeso, nelle mille frazioni di facce,

non mi sono mai vista serena, nell'attesa

che lo spostamento d'aria deturpasse la rosa.

ℙ 8 – Nihilcoltura

Ho varcato il traslucido,

velo attonito

dell'opacità esiziale

al cambiamento.

Ma dietro,

al di là della coltre

ho trovato un nulla

ancor più vuoto.

Estensione difforme

del noumeno.

Dietro il dietro,

c'ero sempre io,

cioè l'Altro del niente.

℘ 9 – Discendenze informi

Sono stata un parto,

una cellula, un tormento,

intercessione genetica,

un compimento,

progetto a vuoto,

invenzione della devozione.

Questa è una figlia,

faglia della coseità delle cose,

ammennicolo probante,

catastasi dal certo finale.

L'oscurità nel disegno divino,

cromosomi senza speranza,

desta nella caducità

di un significante orfano.

פ 10 – Ex nihilo, nihil

Assaporai le possibilità del buio,

cangianti riflessi di nero,

tocchi e ritocchi di pennello per trovare, in ultimo,

la confacente gradazione del nulla in cui annegare,

proprio dove s'inceppa la morbosa trappola scopica.

In quel buio tetro dove l'occhio si arresta

e lo sguardo muore,

le ferite non sanguinano, tutto si miscela e non si

vede,

un lago di petrolio e sangue in cui rigirarsi

e prendere sonno,

in cui il commiato dalla veglia assume

la morte come viatico.

In quel lungo abbraccio con le tenebre

mi sentii risarcita,

l'ancestrale peso della filogenesi si allentò e con essa

si attutì l'ardore della vita in eccesso,

la patologia, il sintomo,

ogni stimolo acquistò il sapore di

un dolce annichilimento.

₱ 11 – Anomalia di sistema

Uscire da schede madri in utero precompilato,

inciampi nei circuiti del tempo arborescente,

crescita in pura perdita di armonia ed essenza,

consequenzialismo di algoritmi archetipici.

Sii donna, madre e ancora donna, poi taci.

Riflessi distonici, rotture, sincopi e atonie.

Catatonica riaffioro e sbuffo. Soffio di vita,

errore di sistema integrato e eretto a sistema.

Funziono come anomalia, virus,

paradigma introverso,

mi muovo libera, infetto, mi difendo, arranco.

Padre perdonami perché non ho peccato,

ho seguito il torto nel farmi amore e ridondanza.

Esulto icastica tra le braci della Gioconda,

irritante passaggio all'atto di compresenze.

Devo essere presente, assente, Ctrl+Alt+Canc,

Madre perdonami, non sono ancora uscita da te.

12 – Post-ex

Pioveva forte quando morii la prima volta,

le luci dei lampioni, serrate e austere,

come un firmamento volubile e altero,

mi indicarono la direzione del cielo.

Cielo che era un mare di lapilli,

orizzonte svanito senza angoscia,

tra mille veli e drappi viola,

mi vedevo guardarmi e piangere.

Quando morii la prima volta

il mondo si capovolse.

℘ 13 – Gettati-nel-mondo

Ho seguito tracce di vagiti all'orizzonte,

cercato cosa si nascondesse nella domanda.

Prima di nascere ho deposto volontà,

esegesi di un determinismo ancestrale.

In quale forma? In quale estensione?

Scevra del tempo mi sono mossa carponi

tra le spire di una scoscesa esistenza.

Ho messo passi su passi per i passaggi di tempo,

mi sono ritrovata ugualmente diversa,

così presente da non esserci mai.

Mi guardavo dove non ero,

perché c'ero già stata e la strada percorsa

era la fine di un inizio già compreso

nella domanda.

14 – Sfuggire ai tramonti

Provavo a spegnere albe

per rincorrere altre notti.

Nell'onirismo ascetic

di una bambina in fuga.

Non potendo avere il sogno,

trasmutavo reali di pastello.

Nell'ermeneutica infantile

dalla forma all'infinito

stipulavo patti con le galassie.

Nel distrarmi, si susseguivano

incipienti tramonti.

ק 15 – The Serpent's egg

Nell'illusione del tentative

afferravo ombre piene di spine,

muovevo le mani

sinuose di serpenti.

Camminavo sopra abissi

ricolmi di dolore.

Dalla ferita genitale

sangue a zampilli.

Uova decomposte

formavano fecondi stratagemmi.

Ho scritto delle lettere

per non dovervi più vedere.

Nascosta negli alibi

della trascendenza

ti ho abitata nove mesi

e dallo squarcio

promisi di non generare.

Te l'ho scritto in una lettera

piena di parole vuote,

frasi automatiche e occulte,

te l'ho scritto

che sono già morta

dentro l'uovo.

℘ 16 – Complotti ricorsivi

In mezzo alla cospirazione del vento,

le foglie più giovani e verdi

restarono a guardare ben radicate,

mentre altre foglie più canute,

abbacinate dal dondolio soffiante,

cadevano a frotte sorprese dall'impatto.

Il vento tornò di nuovo, sobillante,

le vecchie giovani foglie,

use all'ondeggiamento, ma meno forti di un tempo,

si adagiarono sul manto in un soffio,

mentre foglie più giovani, dall'alto,

le stavano fissando compiaciute.

פ 17 – Ri-piego

Assuefatta dai vostri baricentri,

camminavo piegata e storta,

un mondo obliquo in cui precipitare.

Abbracciata a narrazioni opalescenti,

miti di fondazione e uno sbavare pavloviano,

mi sono trovata assorta, disciolta,

in elucubrazioni stentoree.

ק 18 – Ombre cinesi

Le crepe del soffitto,

come nel test di Rorschach,

mi parlano di antichi rancori

e lacrime lasciate evaporare.

Una ragnatela in un angolo,

plastico architettonico,

delinea il tempo di costruzione

della mia prigione privata.

Come un'equilibrista

la mia psiche è sospesa

tra il simbolo

e la "cosa". In sé.

℘ 19 – Frammentazione idiopatica

Nel pallore acritico della malinconia

mi sono crogiolata nella morte del tempo.

Abdicando alla ricerca di un senso,

feci un altare alla noia dell'autopoiesi.

ק 20 – Dilazione

Olio su tela,

discernimento, inusuale,

dell'atto.

Acting-out.

Sinthomo.

Acquarello d'autunno,

ombrello emotivo,

mi respiro l'anima.

Sorrido,

ai neuroni specchio.

Orrore.

Toccata toccante,

pastellata una luna,

itterica,

d'invidia.

Sezione 2

Annientamento (Reductio ad nihil)

ק 1 - Solipsismo esistensivo

44

Il somigliarmi

non mi rende vera.

Davanti agli occhi

un sembiante

sopravvissuto

alla vita.

℔ 2 – Innesco

Sovente, ho visto il dolore da dietro le sbarre
dei miei occhi indulgenti, compassionevoli.
Mi sono riversa a pregare mute divinità scadute
genuflessa al dubbio dell'inconsistenza dell'io.

Altre volte, il dolore mi ha completata,
sommersa da un'agonia senza tempo e spazio,
gettata a terra da un vento senza riguardi
e suppliziata da parole di conforto.

Adesso sono il dolore stesso, venerato
nei mille secoli di decadenza, ove l'anima,
vivisezionata, ha lasciato alcune tracce
di un tenue amore impercettibile, impalpabile.

℘ 3 - Per Dono

Seduta sulla riva di un fiume,

mai aspettai cadaveri di nemici,

mi limitavo all'ascolto di voci

in quel gorgoglio gentile.

Io vi ho perdonati tutti,

ché la ferita infertami è anche la vostra,

ancora più grande,

non spenderò il mio tempo a rievocarvi.

Da ultimo riuscii anche ad amarvi,

per questo, qui sul fiume, non c'è traccia di voi,

siete scomparsi ormai, diluiti in quel che

resta di questo scorrere flebile.

4 – Molecole mimetiche

Mi nascondevo nella nebbia,

nelle nuvole basse e cortesi,

nella pioggia fitta e irruenta,

mi facevo anima dell'elemento.

Volevo vivere e scomparire,

esistere in altra dimensione,

camouflage esistenziale,

trasmutazione mimetica.

Vedere senza essere vista,

in un autunno che abbraccia,

accoglie e disperde.

Foglia tra le foglie,

lasciare la presa

ed in vertigine

adagiarsi

senza rumore.

ק 5 – De-solazione

Ho frainteso i segnali del cosmo,

accudito cuccioli già morti,

per amare Dio non ho amato te;

serva di un destino già speso.

Solo quando cessai di farmi del male

compresi di non essere speciale,

potevo vivere e morire, come tutti,

e per questo sussurro parole

tiepide come una roccia esposta

al sole di un gennaio clemente.

ק 6 – Modello per quadri astratti

49

Hai l'aria smarrita in quel vecchio cappotto,

trascini stoffe come nuove pelli,

senzienti involucri di ciò che fosti

prima dell'incoerenza dello svestimento.

ק 7 – (S)bilanciamento

Nelle tue braccia spoglie

scoprii la rassegnazione:

quella stagnante malinconia

nella bonaccia del tempo.

Mi sono spiata nei bordi

di movimenti a scatti

nel fermo immagine

che declinava la mia esistenza.

Mi sentivo sicura in quella presa,

così assente e invisibile

da odiare ogni esserci.

Quando mollasti la presa,

non era rimasta che la vestigia

di un corpo abbigliato per la tua festa.

℔ 8 – De-negazione (*Die Verneinung*)

La tentazione di volare,

da dentro la crisalide,

sogno di un sogno di morte,

euclidea benemerenza.

Madonne che piangono di noia,

inesperienza da accoliti,

la tentazione di scavare

nel vento che toglie il fiato

e fa piangere la morte.

ק 9 – Che la veglia ti sia lieve

Nel tremore della brezza di un primo mattino,

scovavo, sopita, la malattia dei tormenti notturni.

La veglia lascia spiragli di abbandono

dal proprio peregrinare verso il tormento.

Ogni sintomo un oracolo,

ogni silenzio un anatema,

ogni spasmo un cenno

all'inconsistenza del Reale.

Il sogno è una trama sacrificale

abortita al sembiante.

Nel sogno non si muore di meno.

Così di notte dipingo metafisiche stanche,

le incido sul mio volto come speranze di carne.

Finché le mie genuflessioni idiopatiche e rabbiose

danno senso a maree che erodono differenze.

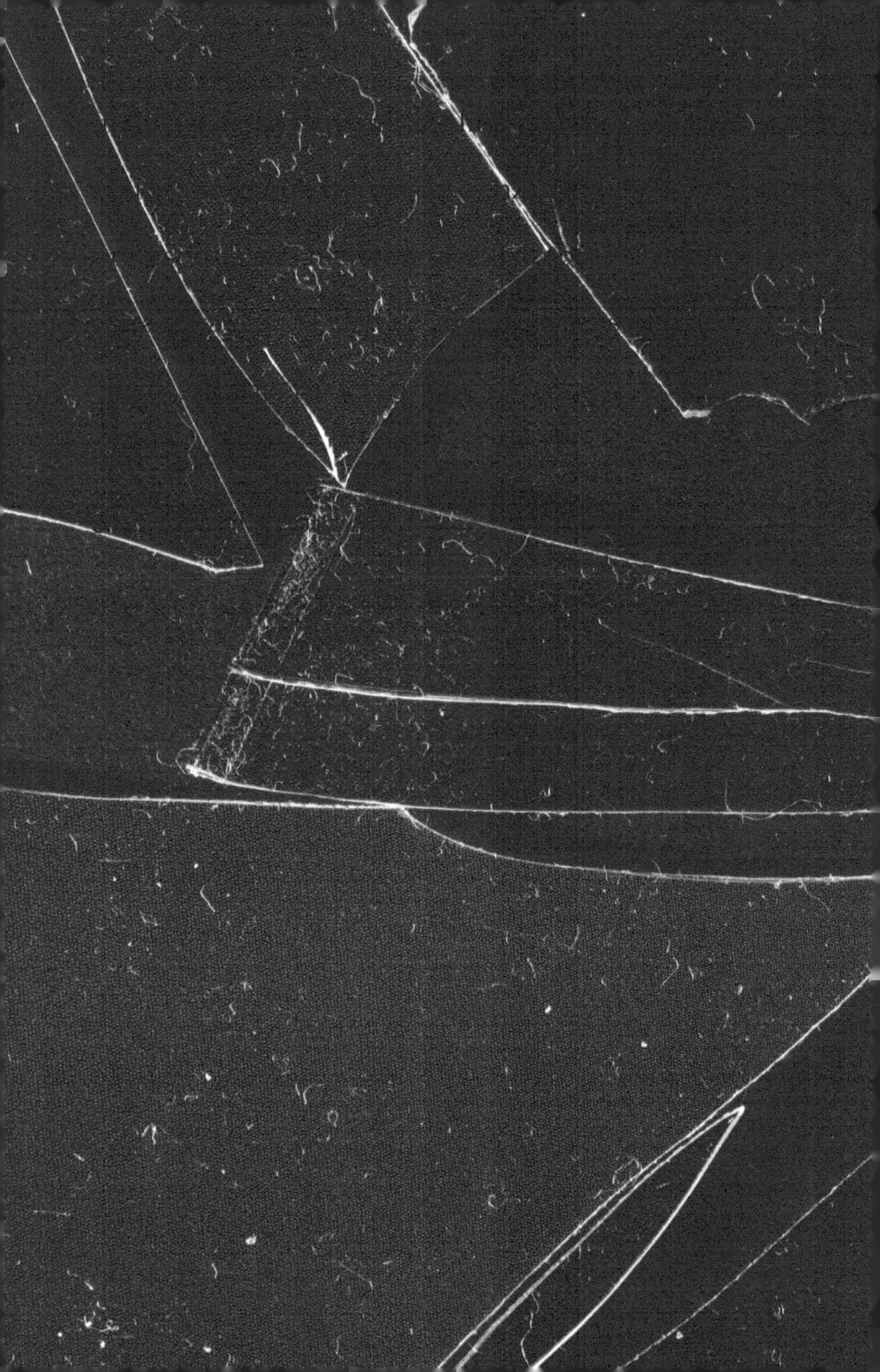

10 – La tensione della superficie

Soffio violento di foglie e di acqua,

culmine agro dell'appassimento,

rifugio dal dolore di neonata ferita,

cicatrizzazione del tempo interrotto.

Algida agonia di zolle nude riverse

a fissare un cielo grigio e distante,

frane accennate a frenare impeti

briosi di un nevischio ascendente.

Dal basso all'alto un colpo d'occhio,

magica disarmonia di grigiobianchi vapori,

un respiro di pioggia esonda nel faggio dei camini

e dagli spifferi delle finestre serrate

entra un'aria antica di quiete e di lutto.

ק 11 – Bondage

Vista a sbarre, scacchiere di cielo,

l'inutilità del nicodemismo di facciata,

nata nell'enclave sbagliata da una madre

con imene psichico intonso e celato.

Catene alla gola che strappano e stridono,

mi allontano e non esce voce, schiumo bava

e più ti maledico più ti rassomiglio e coincido.

Ti guardo dove ti fa male e sento dolore.

Nell'asilo politico paterno: l'autodistruzione,

un valzer con l'indecenza e la sopraffazione,

più mi libero più tira a strozzo la corda

con cui ho deciso di impiccarmi per resistere.

ק 12 – Lente ellissi

56

Spazi liquidi,

nebbia spenta,

animismo ostentato,

elevato ridicolo,

piove catrame,

traslucida speme,

tradimenti esausti,

sussurri urlati,

preziosi avanzi,

nobili incesti.

ק 13 – In tralice

Entrasti nel tempo di soppiatto,

avevi paura di far rumore,

nascesti nel silenzio da un incavo,

in quel cielo di terra scovasti l'alba

per farti vita, senza gravità

nel moto dolce del sottrarti.

Sei stata la mia zona discreta,

proiezione leggiadra, ombra elastica

ti avvicini e ti allontani,

schiava del gesto che sempre ti muove.

Essenza minimale

che mimi solenne

il capriccio del vento,

e scompari di sera

a formare la notte.

14 – Transitorietà definitiva

La morte non fu troppo definitiva,

nei ventricoli del cuore un segnale di resa,

ambizione degli sconfitti:

un ultimo qualcosa, come fosse un battito.

Riverberi di vertiginid

affittate da emicranie in transito

dallo specchio dei peccati,

cresce l'ultimo crepuscolo.

ק 15 – Velare di nuovo o ri-velare

Trovarsi a terra, distesi

dentro pozzanghere d'oblio;

la caduta di stile

dell'anima che diviene Io.

Maieutica, catarsi, atarassia,

sollevare veli oltre l'apparente,

dominio e ordine antico,

sacro dispendio d'espiazione.

La foga dell'appartenersi

sfuma nell'incauto entrarsi dentro.

Tutto è stato rischiato

fino all'ultimo sgomento.

Intestarditi nell'ansia di aversi

abbiamo abdicato ad ogni sostanza,

siamo come canne al vento

torturate da ogni sospiro.

ק 16 – "Wo es war, soll ich werden"

Anestesia totale,

dormo, aspetto.

Bagliori di bisturi,

incroci di mani.

Anima letargica,

disprezzami ancora.

La morte mi lega,

impicco sinfonie.

Spreco ricordi,

ve li regalo,

non li uso più

da troppo tempo.

Recidili. Non sento.

Sono carne in disuso.

Dammi la mano,

spezzami le ossa.

Adesso liberami

per sempre.

Eutanasia emozionale,

non ho rimpianti,

colleziono menzogne

colorate e barocche.

Ripudiami e vattene.

Io ho oblii brillanti

e una valigia di orpelli.

Sono al confine

tra i quattro elementi,

ma ho finito l'acqua.

Arsura, gola infuocata,

liberami, non sento.

Fammi fuori adesso,

tanto

non

ti

sento.

ק 17 – Culla il mio abbraccio

Mentre le onde si frantumavano ormai esauste,

distillavo illusioni nella "schiuma dei giorni",

quanti saliscendi bipolari essudati nei ricordi,

nel va e vieni che dischiude l'aritmia ricorsiva.

Mentre il mare si placava grazie alla

catarsi delle onde,

scrivevo sul palmo della mano le formule

per l'infelicità,

in quegli strappi d'irreale ondulanti e insicuri

recitavo prolusioni per sopravvivere a me stessa.

Il dolore è il farmaco della memoria,

tra le piaghe di un tempo fertile,

si installa tra il rimosso e l'intenzione,

e risale lento come un sub dagli abissi.

ק 19 – Governamentalità

64

Dalle trasfusioni di noia,

nell'enfasi della repressione,

dilatazioni di sicurezza.

Da questo filo spinato,

che ci abbraccia, ligio,

vedo aurore, crepate,

e nel basso dei tramonti

un vinile di altri tempi.

ק 20 – Era tutto diverso

Sono appassita a guardarmi sbocciare,

ho frammentato l' "io" per non odiarmi da sola,

sono arrivata in anticipo per troppo ritardo

e adesso aspetto che mi raggiunga il tempo perso.

Sezione 3

Scissione (Manque à etre)

ק 1 – Il minotauro (Dürrenmatt)

68

Ho percorso ogni sentiero,

finivano tutti con un muro.

Ringrazio questa nebbia

per l'illusione che là,

da qualche parte

si nasconda un'uscita.

2 – Deliri cartesiani

Ho trovato sollievo

in insani rifugi,

vizi di forma,

ventriloquie metafisiche,

reali da abissare.

Scrivevo senza vedere,

udivo senza udire,

leggevo senza capire,

perché era il simbolo

a vedere, udire, capire,

io ero già Altro.

Insabbiata dalle maree

delle verità contraddette,

principi di non contraddizione,

capii che l'unica rivelazione,

l'unica illuminazione,

sostantivava da sempre

il mio candore ermeneutico

Nell'etimologia del sintomo,

nello sguardo verso spazi siderali,

nelle risate della serva di Tracia,

scoprii che l'epifenomeno

manteneva un senso scosceso,

coevo al suo dischiudersi.

Vedova del significante,

indietreggiai dal martirio

e sentii fluire il sangue

fino ad irrorarmi di esperienza.

ק **3 – Ridondanze d'infinite sinfonie**

Piove dall'alto

un lutto di lampi,

nella smania di gocce

scioccate dal vento,

raccolsi una Lacrima

da molto lontano,

in quell'applauso

di porte sbattute,

ripescai nel tuono

il tuo lament

e ne feci un concerto

di anime assorte.

ק 4 – L'io diviso (A R. Laing)

Mentre la paura divorava uno ad uno i miei concetti,

trovai il coraggio della metonimia e spostai

baricentri sfocati.

In quel protendersi sottotono, nella frenesia di

scomparire,

ho imparato dall'invisibile a trovarmi altrove.

ק 5 – Le Déjeuner sur l'herbe

Dal cielo cadevano strali di luce a riempire

la tua iride

io seduta su un prato con "il soccombente"

di Bernhard,

il rimpianto di non aver mai suonato il piano,

ero una bambina troppo scostante, diceva mia madre.

I tuoi occhi eliotropici seguivano il movimento

delle mie labbra,

si muovevano leggermente a ricalcare le parole

dello scrittore.

Tu avevi una copia semidistrutta

de "Il diavolo sulle colline",

odiavi Pavese, ma lo leggevi con piglio severo,

quotidianamente.

Quel giorno preferivi leggere le mie labbra

sussultorie

ed io vedere la luce riflessa dei tuoi occhi

che mi leggevano.

L'amore è l'inanellamento di pochi attimi sinceri

quando al dover-essere si avvicenda il desiderio.

ℙ 6 – Stati di agitazione (CCCP)

Errante sbigottimento,

occhi lucidi, venosi,

occhiaie scolpite dal tempo,

la vista si sfoca,

scosse negli avambracci,

respiro corto,

brama d'aria,

bocca secca,

parlo con Dio:

mi ignora, reticente, assente.

Respira!

Con il diaframma!

Dolore al petto.

Vita in bilico.

Palpitazione in progresso,

paralisi e stenti,

vibro,

s'infiamma il cuore,

si spegne il firmamento.

Buio, vedo male,

riduzione del campo visivo,

dispnea, apnea, sangue,

nervi che tracimano,

doglie metafisiche dal terrore,

contrazioni eretiche.

Mira ai fianchi, fiacca,

fioca luce.

Dai non è niente!

É tutto, tutto!

Seduta, sedata,

testa tra le ginocchia.

Passa, passatempo,

il costato

si allenta,

si decontrae.

Aria nei polmoni

graduale osmosi.

Ti vedo

di nuovo.

Bevo

stordita.

Ti sento.

Mi alzo.

Tremo.

Viva o morta.

Non importa.

Passa.

ק 7 – Holzwege

Nelle crepe del tempo lineare,

tra deja vu e sinestesie,

ricreiamo ricordi, ex novo, ad arte,

artefatti, ex nihilo.

La memoria costa, esosa di tempo,

esercizio da illusionisti

della falsa coscienza.

Questo "io", inviso al Sé,

fuoriesce, straripa,

dappertutto.

Mi sono creata, ri-scritta, ri-vista,

sono morta troppe volte

per raccontarle,

per tenerne traccia,

per dirne un numero.

Ho amato tutto ciò

che non è rimasto, il resto, il residuale,

unico parametro del vero dietro il velo,

unico vero che mi definisca.

Identità illudente, mutaforme,

di forme mute, difforme.

Orme impresse sul cemento,

impronte digitali in serie di zeri ed uni,

storie tenute al segreto,

tranelli, sabbie mobili,

Holzwege, trappole.

I ricordi repressi, rimossi,

distillati, poi conservati,

in botti di rovere

dentro i registri dell'eterno.

Ho separato le tracce mnestiche

dagli affetti, da ogni afflato, da ogni protendermi,

le ho lasciate decantare

per salvarne il sediment

nonostante la dissonanza emotiva.

Ho attraversato millenni

con una sola voce,

tormentata da uno sguardo,

disagevole, svilente,

riflesso lì.

Dannato specchio rotto

che hai disvelato il mio bluff.

Ecco, nei marcescenti coni d'ombra

incroci di luci e bile nera,

mi sono vista per pochi attimi

sfinge afona con occhi sfregiati,

in trascendenza distesa,

contemplazione rotonda

in circonvenzione dialettica.

La mia essenza in liquida pietra,

diafana sobbolle icastica.

Nelle crepe del tempo

mi sono ritrovata

al culmine dell'intenzione.

ק 8 – Vieni a vedere le orme dei sogni!

In una discarica di stelle morte

andai a cercare la loro luce in differita,

tra code tagliate di comete infrante

e un variopinto magma coagulato,

avvertii un pianto lucente del cosmo

che le sacrificò per i nostri desideri.

9 – Sopiti sussulti del tempo

Poi aspirai il fumo,

ne feci nebbia liquida,

poi mi rintanai al buio,

per terra, in silenzio.

Un fioca fiammella,

da cero votivo,

piegato

da un vento silenzioso,

un nome, un cognome, una data,

rintocchi di un tempo defunto,

sospeso, ancorato,

odore di marmo e terra.

Incrocio di sguardi:

quanto parla quella foto!

Non sta mai zitta.

Nel folklore privato,

talvolta privativo,

in quel nero notturno,

quasi bluastro,

ero sulle tue ginocchia,

e mi spiegavi

come distinguere

il falso dal falso.

Nel passaggio obbligato

di questa nuvola

davanti alla stella polare,

la tua foto rideva

della mia ingenuità.

ק 10 – Wu Wei

84

Nell'atarassico tentativo

di coincidere imperturbabile

con un vuoto accogliente,

ho detronizzato l'io

e nell'alessitimia

ho scoperto l'azione più Ardita

nel non agire.

ק 11 – L'evoluzionismo è un umanesimo

Nell'intercedere di opache chiaroveggenze,

la determinazione della calma,

l'agonia, ponderata, della resistenza,

a noi, carcasse in scadenza.

Nell'esserci-per-la-morte,

unica consolazione della persistenza,

in anacronismi di adagi ed eccessi,

ci assestiamo e ci radichiamo convinti.

In questo carnage di ossessioni,

osare è restare ancora un po',

per pietà, per piacere, per dovere,

una precessione verso l'inesistenza.

ק 12 – Raccontami "La Storia"

Il silenzio dopo le grida,

il cuore palpita e si ferma,

miasmi di morte tutto intorno.

Lampo, esplosione, fine.

Macerie di Silenzio.

ק 13 – Ars Moriendi

87

Migliaia di fosfeni

in tempeste scopiche

ridefiniscono

tregue morenti.

Fuochi d'artificio

su buie città

di detriti.

Macerie di corpi,

corpi sotto macerie,

intrepidi speaker

contano morti,

numeri del destino;

degli altri.

Fuochi fatui

scendono a grappoli,

in traiettorie stentate

fabbricano orfani,

vedove, vedovi,

genitori sottratti al ruolo.

La mascella serrata

di nuova carne da macello,

sfilate ai confini.

L'occhio segue

puntini di luce

e morte lontana.

Una voce roca

mi dice:

    - Ancora.

    - Di nuovo.

    - Come sempre.

Scuotendo il limite,

cadono essenze.

Tutto ciò che è importante

staziona al di là del velo.

Il Reale è un vincolo,

la verità è un sintomo,

sui bordi dei confine

solo aria e vuoti.

ק 14 – Presa del Palazzo d'Inverno

Incagliata nei ricordi lontani

ho cosparso sale sul ghiaccio

e sulle ferite che non conoscevo,

ho gridato un silenzio astratto

poi scomparso in un sospiro.

I falsi miti, ricordi di felicità,

le facce, i nomi, segreti taciuti,

la malinconia per ciò che non era,

mi dissolvo in un abbraccio,

lo devo a ciò che sarei stata.

ק 15 – A Dio, l'onnisciente che sa di non sapere

Ho conservato tutti gli addii

in ordine sparso e confuso.

In ognuno ho perso molto,

e adesso, quando li sommo,

scompaio veloce come una brezza,

mi disgrego, mi dissolvo,

mi ritrovo, di nuovo, sola.

In quel silenzio di grida strozzate

rivedo fotogrammi, brevi scene,

accenni d'esistenza soffusi.

Nel lavoro del lutto,

ritrovo la forma delle malinconie,

mi abbandono ai lampi,

lascio scorrere significanti,

finché mi rivesto di un io fragile.

Porto con me tutti gli addii,

riaffiorano come detriti

dal fiume in piena, fanno capolino

e poi si lasciano trascinare.

Qualche volta un ricordo esonda,

si deposita oltre l'argine

come oggetto perduto e ritrovato.

Anni di vita in un solo attimo,

minimalismo rammemorativo,

io e te in quella piazza,

un caffè, un sorriso e

l'amara indulgenza

di un passo falso.

ק 16 – L'avanzata dei deserti

Nel deserto dell'assoluto,

cercavo abbracci desolanti.

Nel deserto del reale,

anche Dio è artigiano.

Sospinta dalla voglia

del ritorno all'inorganico

ho soppesato morti possibili,

incroci dialettici antievolutivi.

Nuoto in simboli senza valore,

apolide dell'immaginario,

vago in deserti in dissenso,

tra panorami decostruiti.

17 – La deriva dei sentimenti

Dalla risacca vedevo la fine illusoria del mare,

alghe morte d'inedia, conchiglie vuote di lutto,

tutto mi parlava di epilogo, tu lo avevi già capito.

Là l'infinito recintato dagli occhi

in un orizzonte cobalto,

qui noi per mano, in silenzio, ad attendere

una parola.

ꝑ 18 – Solfeggi psichici

Questa noia aguzza,

pungola il riposo.

Crolla il soffitto,

mi riparo dormendo.

Stento a muovermi,

mi schiaffeggio,

mi rido in faccia.

Ozio vile

precipizio caustico.

Suona il campanello,

mi giro dall'altra parte.

Sudo forte,

mi copro.

La luce mi allergica,

dipingo notti, svogliata.

Domani luna piena,

io mi eclisso.

Boicotto fototropismi,

seguo ombre.

È che dimentico,

e poi amo gli stessi libri.

Se fosse solo noia

sarei già santa.

Agiografia preventiva,

la strada perduta,

la noia ritrovata.

19 – Anima saccheggiata

Mentre fotografavo ombre,

una mi si fece innanzi,

mi avvolse di vuoto e vento,

danza muliebre e scabra.

La respinsi d'impatto,

mi feci indietro e mi seguì,

lordava di cupo ogni movenza,

mi attraversava senza pudore.

In quello stupro della notte,

peregrina stava la mia anima,

come in una congiura di palazzo.

Mi riparai in vestriboli ombreggiati,

pensai di addensarla, uniformarla,

ma mi avvolse più nera del nero,

mi accecò d'oscurità splendente.

Guardai la foto, sovraesposta,

la mia sagoma nera

avvolta in un abbaglio.

20 – Aporie distopiche

Alcune notti mi sono stretta

in un desolato abbraccio con la mia anima,

ginocchia serrate al petto,

come un lucchetto tra io-pelle e fantasma.

Alcune notti mi sono tradita,

ebbrezza e risentimento,

deformata, essiccata dalla vodka,

dedicavo parole all'agonia.

Alcune notti le luci che, di soppiatto,

entravano dalla finestra,

solleticavano la mia anima

che rideva della mia disperazione.

Sezione 4

Trasmutazione (Kybalion)

ק 1– Devozione e permutazione

Effrazione del cuore,

ritmo sinusale,

sono vinta, avvinta,

indifesa, trascesa

da nuvole di pianto.

Arboree escrescenze

tra le vertebre,

nei nervi, nelle vene,

scroscianti panegirici,

una danza di conchiglie,

il pane appena sfornato

mi annichilisce.

La famiglia, lafamiglia,

fucina di espedienti,

muta, dilatata,

paro i colpi,

mi faccio sacco,

restituisco,

oppongo forza

pari e contraria,

contrariata.

Deludi tutti!

Poi deluditi!

Azzera ogni merito!

Brucia ogni modello,

liberati dei pesi morti,

liberati dai morti,

ché pesano!

Il lutto:

un vestito cerimoniale dell' "io".

Abbiglia la coscienza,

abbaglia l'esperienza,

accecati Edipo!

Ora attraversa l'Ade,

sulle strisce,

sii ragionevole, tanto non funziona,

non funziona mai! Mai!

Morirai quando non te lo aspetti,

in un pozzo

lungo come lo spazio.

Troppi muscoli da usare

per morire!

Morire: musica di carillon,

ti apre il cuore

come un divaricatore,

sostituisci valvole,

la radio si è rotta di nuovo.

Forse è una mia impressione,

ma quella lì,

allo specchio,

non mi somiglia minimamente.

Ho spento i fari alla malinconia,

sono rimasta al buio, al freddo,

e neanche una mano

per uno schiaffo.

Corvi neri fanno la ronda

sul mio odore,

il posto più freddo:

il mio cadavere ha la bocca aperta,

ma non ha niente da dire.

Corvi neri mirano agli occhi,

mai qualcuno

che miri al cuore.

Rimani con me.

Un corvo perde una piuma,

si posa sul nudo ventre

e rinasce la malinconia.

Vivere pesa,

ma cangiante misura,

dal masso

al velo.

Un corvo bacia il mio labbro,

sangue su un serpente

giallo e nero

che esce dalla brulla terra della notte,

mi guarda distratto,

si gira,

mi guarda di nuovo,

si siede e aspetta.

Chi sono?

Il vuoto.

ק 2 – Vapori da uno spento infinito

La notte lanciava bagliori di fuoco,

c'era una luna di troppo

che ci obbligava a camminare

tra quei vapori narcolettici.

Un neon sfrigolava maledizioni,

dietro il vicolo, una separazione.

L'emisfero destro si spense di colpo,

una nebbiolina rosa incarnato

uscì da un tombino di vetro.

Ricordi la sera in cui ci siamo conosciuti?

Ho lasciato i fanali accesi per investirti,

mi guardasti già ferito come se il future

fosse nascosto nel vicolo,

era dietro un neon rosa lampeggiante

a forma di quarto di luna,

tra nebbia e deserto, un ristorante cinese

e un'arcigna cartomante iraconda

che si rifiutò di leggerti la mano.

ק 3 – Catalessi (καταλήγω)

C'è una memoria del trauma

e un trauma della memoria.

L'attimo dell'eterno,

quando nel tempo sospeso,

galleggiamo fuori dal corpo.

Forse ha l'odore della morte,

quel vago sentore, una crasi,

di saliva e sangue, asproferroso,

l'istante tra la coscienza e l'ignoto.

Della violenza rimane un resto,

un tatuaggio neurale,

là ove si ode il lapillo mnestico,

un dolore nuovo, così antico,

come un effluvio di fuoco e gemiti

che dal Flagetonte al Cocito

vanno a rinfoltire l'Acheronte.

E lì, dove tutto converge,

coacervo di bestialità e coraggio,

i rimorsi in bilico sulle onde

rivelano ogni cenno

della nostra malvagità.

ｹ 4 – Inusuali entropie

Scorsi l'amore nei vaniloqui della sintropia,

eppure nel secondo principio della termodinamica,

tra ordine e disordine, caos e linee del tempo,

(   )

Quanta fatica e attrito nell'attraversarti,

tra membrane respingenti, muri e ferite,

nel tentativo di scorgere ogni anfratto.

L'amore è una disciplina tecnica di attacco e difesa,

una tattica, uno smussamento,

una passione declinata dalla diplomazia.

Nell'incastro non c'è coincidenza assoluta,

lavoro di fino del combaciarsi, l'amore

è stato costruirsi un tempo fuori dal tempo.

ק 5 – Per S. (i selfie di Thanatos)

Ho avuto la fortuna di poterti i(n)spirare ed

espi(r)are,

posare le mani sulle tue

per stimolare elettroni pacifisti,

in quest'asfissia acuta ed eterna

di delusioni e rimpianti,

mi hai donato l'attimo a cui ritorno incessantemente.

פ 6 – La rotazione terrestre

Vista dall'altra parte dell'orizzonte,

la luce atomica è un'alba nuova,

chiasma ottico capovolto,

decussazione ormai a un bivio.

Sulla spiaggia di altri mondi,

vivere è rimanere giovani,

sinfonie artificiali cangianti.

Sentirci eterni in questa sabbia,

mentre antipodi divergenti,

ansimano di artiglieria pesante.

Su altre spiagge non ci si sposa,

missili, tattica, mimetismo, anfetamine,

tutto il giorno, nelle fosse comuni.

Mentre

il fuoco

diventa

volontà

di

impotenza.

Su tutte le spiagge, i volti all'insù,

fuochi d'artificio in gran concerto

festeggiano la nuova fine,

applausi tra le stelle indifese

nel firmamento che viene a trovarci.

Onde anomale, diamoci un bacio,

poi vibriamo in questa nuova voragine.

ק 7 – Le qualità dell'uomo

Nel tuo sguardo, in tralice, coglievo tutto il peso

della leggerezza,

poi, ti giravi di scatto e mi offrivi una gauloises

senza filtro.

Declamavi pagine intere di Musil a memoria mentre

io, in silenzio,

precipitavo nel gorgo denso e fumoso

delle tue parole.

ק 8 – Il tempo è esausto

Obsolete finestre di terrore,

giro la testa e mi vedo tremare nel buio,

sola ad immaginare stelle che si spengono,

fiammiferi che non vogliono accendersi.

Che possa bruciare l'universo! morirò in questo buco.

Dal tempo che resta tolgo tutte le foglie appassite,

fino a scoprire che non c'è rimasto niente.

Tutto finisce troppo in fretta, anche le lacrime.

Quante chiese edificate per un'idea.

La religione, quando muore, lascia l'arte che ha
prodotto.

Io muoio nel buio, cuore di piccola bambina,

battente, impetuoso, ritmico,

come quello del cardellino, messo in gabbia,

punizione per la caduta dal nido.

Cadrò anch'io da una dilatazione,

dovrei venire dalla luce, ma è buio in queste pareti.

Chi mi cova non mi sente. Non voglio uscire!

Non voglio restare! Voglio tornare

ove non ero che polvere di nulla.

9 – Per sempre Sisifo (Camus)

La morte ci appartiene,

quanto noi le apparteniamo.

Capita che anime stanche,

appesantite e vessate,

decidano il momento dell'addio.

Talvolta in effetto domino,

un'altra anima ne segue il percorso.

A distanza di un soffio di tempo,

patto tacito e sotteso,

volaste via con l'ultimo refolo d'aria.

Non c'è un'età giusta per essere stanchi,

è il peso che si porta, a rallentarci.

Alcuni nascono con ingombri inumani,

altri camminano nel fango man mano,

finché l'anima si desta e in un ultimo sforzo,

con la poca energia, fa un balzo,

l'oceano inghiotte e calmiera.

Così siete andati via d'inverno,

uno dietro l'altro, come soldati

sorpresi dalla tormenta, creando stupore,

dolore e rispetto.

10 – Jacques e la fisica degli elementi

Con gli occhi sbarrati ti fermavi,

mi fissavi per

un attimo e poi,

come abbagliato dall'indefinito,

ti giravi intorno e nel vuoto

coglievi mondi infiniti, intermedi,

anime, fantasmi, allucinazioni.

Restavi incantato, Attonito

a scrutare l'invisibile.

Vedevo nei tuoi occhi

un mondo che mai avrei compreso.

Poi ti alzavi come nulla fosse,

davi le spalle all'universo

per farti le unghie sul divano.

ꝓ 11 – Relativismo oppressivo del sacrificio

Ogni volta che in me ho sussunto disonestà,

ho mortificato il mio io, poi l'ho perdonato.

Ho appreso il giogo dell'ammaestramento.

Ho vissuto come se esistesse un'etica,

come se la mia natura fosse un errare biologico,

come se mia madre possedesse qualche verità.

Nella diversificazione dell'ascesa dell'io

ho mutilato l'aspirazione alla trascendenza,

mi sono immolata sull'altare della vacuità valoriale,

sono sprofondata nelle grotte dell'inganno,

ho guardato il sole negli occhi e mi sono vista cieca.

In fondo la vita è questo breve periodo di distrazione,

una distruzione tardo-adolescenziale di inclinazioni.

Ho sparato nell'opaco del tempo,

velato ogni spazio eterno,

finché mi sono invaghita dell'idea di "giusto",

tremando nelle maglie di lana zuppe d'acqua

dell'esistenza,

ho scavalcato muri per il gusto di non trovarmi più.

Ho percorso i cammini indicatimi,

aborti spontanei di destino,

mi sono sussurrata nelle orecchie

filastrocche coprolaliche,

finché il disgusto per me stessa fu la

salvezza di mia madre.

Creiamo il conforme, anche da anticonformisti,

diventiamo abnormi davanti ad un'opera

 che ci seppellisce,

apriamo le branchie ad ogni accenno

 di soffocamento.

Nelle intercapedini delle mie idiosincrasie,

ho trovato il filo della mia esistenza,

ma ormai ci stava giocando il gatto

 e non lo volevo disturbare.

Nella totale incongruenza delle mie ambizioni,

ho strangolato ogni grido di dolore

che voleva farsi sintomo,

ho deragliato il senso di esistere ancora

in questo vuoto,

mi sono fatta oggetto tra le cose

sposando l'ambiguità.

Adesso, caduta nel pozzo,

vedo le stelle meglio di Talete,

e contrariamente a lui, amo essere derisa.

פ 12 – La casa degli specchi dell'esser-ci

Ti cercavo sempre dove non eri,

perché eri dove non guardavo.

Una volta mi vidi vedermi non vederti,

ruppi ogni specchio di casa

per cessare di esserci ancora.

Ti trovavo nella mia scomparsa.

L'incontro è un fatto di esserci

ed io e te ci alterniamo

in questa sfera d'acqua e malinconia.

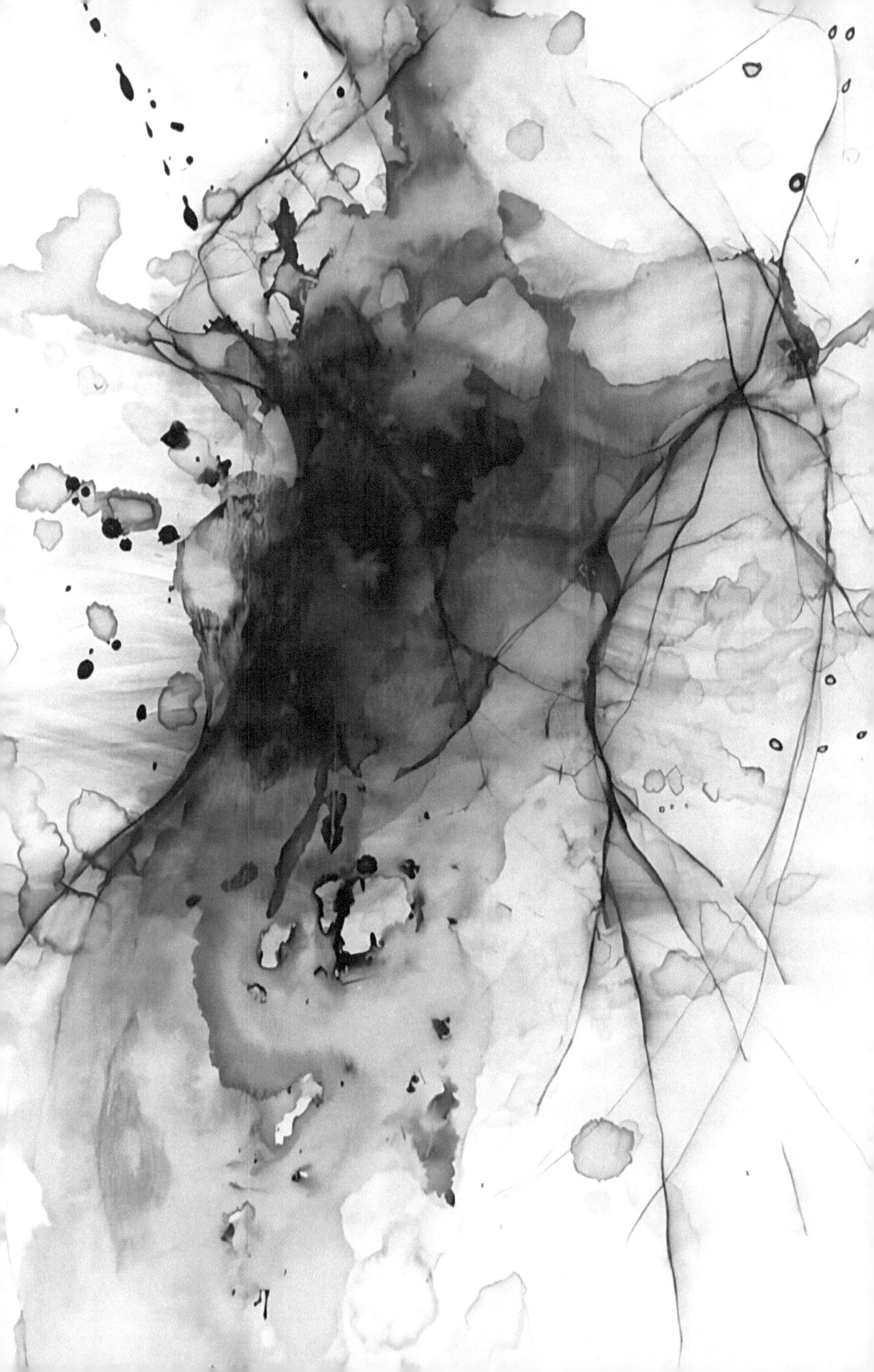

ꝗ 13 – Pareidolie nella bonaccia

Nel ristagno del senso,

nelle logiche incompiute,

mi scoprii ferma e isolata.

Epistemologie sbilenche

ridestavano nausee,

gravidanze isteriche

da parole abusate.

Nell'alessitimia smisi di viaggiare,

persi ogni segno di sottrazione.

Dove non c'è differenza,

il cammino si assesta, a se stessi.

Presi a navigare a stento,

vagai nelle mie ombre,

nei viottoli del preconscio,

picchettai sentieri di fioca luce.

Fu nell'esplorarmi che disvelai

la trama di questo mio passaggio.

Nello star ferma raggiunsi luoghi

mai visti prima, mutevoli, difformi,

nella dismorfofobia asintotica

ridisegnai il mio volto fino a cancellarlo.

Adesso io,

a tratti,

sono

il viaggio

che si dischiude;

dalla sclera all'iride.

Trasmutazione.

14 – "Rumore di niente" (F. De Gregori)

Nel silenzio

riscoprii

il pudore

della neve.

Mostrava,

coprendo

le forme

di ogni

cosa.

Lasciava

al mio sguardo

la voglia

di domandare,

ancora.

15 – Cupio dissolvi

Adesso, leggeri,

leggeri come foglie volate

al massacro dell'inverno,

sacrifichiamo ogni voluttà

all'inesperienza, amando,

giorno dopo giorno,

rantolo dopo rantolo,

tutto ciò che abbiamo perso.

꣺ 16 – L'inferno è la stasi

Nell'isolamento, un picco di adrenalina

per ogni ora passata, per uno scarto del tempo,

il sudore molesto della malattia,

i brividi tangibili di un corpo imbelle.

Ferma in uno squarcio d'inferno,

ascoltavo il fluire del mio circolo sanguigno,

visualizzavo le vene e le arterie

come piccoli sentieri di montagna in smottamento.

Poi prendevo i capelli tra le dita,

li tiravo forte fino al limite del dolore,

mi pensavo ancorata ad un dirupo,

attaccata alla corda di una coscienza labile.

Fissato il muro per ore,

finiti i colloqui d'assunzione con le ombre,

simulavo orgasmi, da sola,

un grido di gioia per i curiosi ciarlieri.

Sposata alla nausea e alla vertigine,

in questa vestaglia di mille guerre sfregiata,

ascoltavo i bambini della scuola lì davanti

festeggiare prima di conoscere l'abisso.

ק 17 – Predi(le)zioni

Amore, ci schianteremo assieme,

come uno stormo di foglie

a cui nessuno

aveva predetto l'autunno.

₱ 18 – Volevo solo creparti addosso!

Nel volo di una foglia che cade

l'agonizzante tremolio

del lasciarsi andare;

Lo spaesamento dell'uscita dal ventre,

la trasfigurazione della forma e del colore,

infine, l'adagiarsi esanime sulla nuda terra.

Nel volo così breve di una foglia,

la vita intera si ribella e sospira,

poi si arrende

e si accomiata.

Ho picconato l'aurora

affinché sanguinasse il cielo.

Mi sono travestita d'ombra,

per anticipare ogni luce.

20 – Concilio di Nicea (325 A. D.)

Quando, per un attimo,

hai presunto di conoscermi,

mi hai persa,

perché io sono diventata

la tua rappresentazione.

Harte Mysia

Usare uno pseudonimo significa recidere i legami con la propria opera. Nel progetto Harte Mysia è il sembiante a prendere la voce, una rapsodia della parola piena ove si perdono tracce della propria identità. Tracce che si possono riscoprire al costo di una trasmutazione. L'autorialità viene trascesa in una apparenza dove la parola non è traduzione dell'idea, ma puro significante. I versi parlano da un altrove che gli autori hanno abbandonato non appena hanno scritto.

Sommario

IL PROGETTO ETICO DI AUREA NOX

AUREA NOX è un progetto etico collettivo nato in rete nel Maggio 2021 da un'idea di Grazia Velvet Capone che ha ideato e realizzato anche tutte le elaborazioni grafiche. Il nostro comune Ispiratore è stato ed è Franco Battiato, musicista e maestro. Le energie creative del gruppo confluiscono nella collana-esperimento evolutivo chiamata **AVALON - Terra Sacra**: un luogo letterario dove gli autori si confrontano con un tema comune. È nata così l'idea di creare una pubblicazione ritmica, legata alla ruota dell'anno, adatta a tramandare forme-pensiero di profonda e assoluta ricerca evolutiva. Una virtuale unione di intenti. Un Seme che diventi Quercia.

Di seguito ecco le altre collane editoriali

- **BEE BOOK SII UN LIBRO - Collana per bambini**

- **SEVEN DOORS - Sviluppo spirituale**

- **BREVIS - Saggi e Racconti brevi**

- **LYRA – Poesia**

- **HELOQUENCE - Diari, Romanzi, Manuali**

- **TRIBAL - Viaggi, Magia, Territori**

- **AUREA MAGISTRA - Percorsi storici**

- **DIAMANTI AUREI – Poesia**

- **CUORE INDIeGENO – Lingue minori, etnie**

- **BIOlive - Testimonianze dal vivo**

- **ZŐON – Amici Animali•**

- **AUREACOMICS – Storie illustrate**

Un sentito ringraziamento al direttivo del Progetto e ai vari gruppi di lavoro dedicati, che hanno profuso le loro preziose energie a beneficio della nostra comunità di Autori e di una magnifica Idea Viaggiante

Per contatti, richieste e collaborazioni:

Mail: aureanox@libero.it

Gruppo Facebook Aurea Nox Casa editrice

AUREA NOX

www.ingramcontent.com/pod-product-compliance
Lightning Source LLC
Chambersburg PA
CBHW031321160726
47993CB00001B/498